PROJET

DE

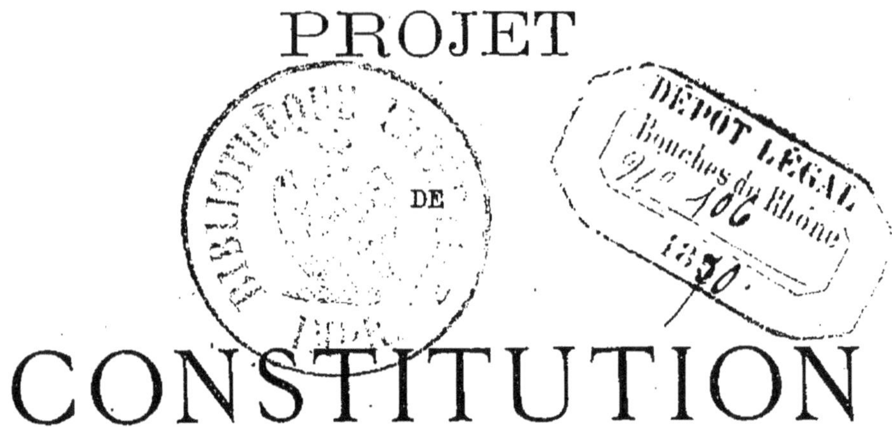

CONSTITUTION

ALGÉRIENNE

PAR UN COLON

MARSEILLE

TYP. ET LITH. BARLATIER-FEISSAT PÈRE ET FILS,
rue Venture, 19.

—

1870.

TIMBRE
13

I

EXPOSÉ DE LA SITUATION.

———

ALGÉRIENS,

L'heure présente est grave pour notre patrie adoptive : un danger sérieux et imminent la menace dans son présent, dans son avenir. A nous d'être prudents, vigilants et audacieux, car l'audace dans les temps de révolution, c'est la force.

L'Algérie, réellement fondée et constituée par la République de 1848, a été, depuis la restauration militaire de l'Empire, la proie de ses ennemis. Elle a été le gage de l'alliance contractée entre César et les prétoriens, une part de la récompense accordée aux légions qui l'ont proclamé Empereur. Le bon plaisir et le caporalisme ont dominé sur nous comme sur un peuple conquis ; les bureaux arabes et les grands commandements ont procuré avancements, décorations, fortune, à tous ceux qui y ont passé. Doineau est devenu un type ; Jobst, un mort, et tant d'autres des personnages considérables de l'Empire.

Ce régime, vigoureusement attaqué par tous les colons, par tous les écrivains indépendants, aurait dû succomber depuis longtemps, et il tend à se maintenir, même après le renversement en France du gouvernement personnel.

La France n'a échappé, l'an dernier, aux fatales conséquences de la dictature, que par une énergique révendication de ses droits ; soyons aussi résolus que l'a été la

métropole, et l'Algérie sera désormais épargnée et af-
franchie.

Après les violences de la fatale nuit de décembre, nous
avons été privés des droits de l'homme et du citoyen que
la République nous avait reconnus. C'était une mes-
quine, une pauvre vengeance du dépit occasionné par
nos votes. L'Algérie avait refusé de légitimer l'acte de
haute trahison, la dissolution de l'Assemblée nationale,
l'égorgement de la République et le rétablissement du
despotisme.

Consultés, comme les électeurs de la métropole, sur la
question de savoir s'il convenait d'accorder d'abord une
prolongation de pouvoir de dix années, puis, l'Empire
héréditaire à l'ex-président de la République, les Algériens ont répondu : NON!

Bonaparte ne leur a jamais pardonné cette manifesta-
tion répétée de leur foi républicaine, cette triple con-
damnation de son ambition.

L'Algérie a été tout d'abord placée sous le régime de
l'état de siége; elle est devenue en même temps le lieu
de proscription par excellence; Cayenne était trop loin,
le voyage trop coûteux. Des milliers de transportés, vic-
times d'injustes et révoltantes proscriptions sont venus
mourir ou vivre prisonniers ici, comme si l'œuvre des
pirates turcs et des corsaires rénégats n'avait pas encore
été terminée!

Nos conseils municipaux, suspects de libéralisme et
de patriotisme, ont tous été supprimés et remplacés par
des commissions complaisantes; nos députés n'ont pas été
remplacés; l'Algérie, comme une Pologne russifiée, a été
placée sous le gouvernement du sabre, sous le régime des
décrets, du bon plaisir.

Cet excès de violence et de compression ne pouvait pas
éternellement durer; on a commencé à nous rendre, tout
en les marchandant, une faible partie des libertés que
l'on nous avait dérobées : nos communes ont reconquis
le droit d'élection; ce droit on nous le promet dérisoire-
ment, depuis des années, comme récompense de notre
sagesse, pour transformer en véritables Conseils généraux les Commissions provinciales, formées à leur con-
venance et à leur usage, par les généraux proconsulaires.

Tout le monde comprenait bien que ce régime inpuissant et corrompu ne pouvait plus durer, qu'il allait tomber sous l'animadversion des Algériens, sous la colère de la France, sous ses propres fautes, quand le ministère de la guerre, poussé, sans doute, par les intrigues des bureaux arabes, s'est souvenu qu'un article de la Constitution dictatoriale de 1852 décidait que l'Algérie, comme les autres colonies, serait régie, réorganisée par un senatus-consulte. Vite on saisit ce prétexte pour radouber la felouque qui faisait naufrage.

Le ministère de la guerre, qui avait déjà la responsabilité du sénatus-consulte sur la propriété indigène et de celui sur la naturalisation en masse des indigènes, a voulu obtenir encore le bénéfice d'une troisième décision des sénateurs de l'empire deuxième. Pour préparer un projet de constitution Algérienne, il a convoqué une Commission, composée en majorité de soldats, et dont la minorité civile dépend entièrement, par ses fonctions rétribuées, du pouvoir exécutif. Cette Commission a débuté par le gâchis et l'impuissance ; puis elle s'est prorogée sans rien conclure.

Depuis, une véritable révolution pacifique, le renversement du pouvoir personnel, a eu lieu en France. L'opinion publique a vaincu les hommes de la dictature.

Ce réveil de la France aurait dû ouvrir les yeux aux hommes du parti militaire, ils auraient dû comprendre que l'heure était venue pour eux de s'en aller, que la France ne les maintiendrait pas, contre ses intérêts et les nôtres, au mépris du droit, des principes de la Révolution et de la liberté. Mais Hercule, le Dieu de la force, n'a rien de commun avec celui de l'intelligence et de la raison ; son front est bas et étroit, son vêtement une peau de bête, et sa dialectique une massue. Le ministère de la guerre s'est donc entêté : les bureaux l'ont emporté, et la Commission militaire chargée d'éxécuter l'Algérie sous une constitution a été rappelée.

Cette Commission, moins aveugle que le Ministère, quoiqu'elle ne cesse pas d'être complaisante, a voulu se donner, après coup, des apparences libérales, qu'elle jugeait inutiles avant la Révolution parlementaire de 1869. Elle a appelé à elle les délégués des Commissions provinciales, lesquels n'avaient certes pas reçu ce mandat de leurs collègues, mais qui sont gens bien pensant, salariés, plus ou moins fonctionnaires, tous désireux de le devenir davantage, décorés et décorables à toutes les boutonnières, à toutes les brochettes.

La même gracieuse Commission nous a fait prévenir, par l'intermédiaire de messieurs les généraux commandant les préfets, qu'elle donnerait audience, sous huitaine, à tous les Algériens qui voudraient paraître devant elle : sous huitaine, juste le temps de faire sa malle et de se rendre à Paris, quand toutefois la tempête ne force pas les paquebots à relâcher en route !

De tout cela, quoiqu'on fasse, il ne ressortira que l'impuissance du régime militaire, que son envie immodérée de conserver, malgré tout les avantages pécuniaires et autres que rapporte l'administration, l'exploitation, devrais-je dire de l'Algérie.

Mais la presse de la Colonie, toute bâillonnée qu'elle est, s'est émue. Autonomistes et assimilateurs, tous ont protesté contre cette outrecuidante prétention de nous imposer, malgré nous, une constitution que nous repoussons unanimement.

Pour être sincère, je dois cependant reconnaître que les trois journaux du parti militaire ont seuls applaudi, mais applaudi comme les Romains du lustre, quand tout le public siffle une mauvaise pièce.

Les députés amis de l'Algérie ont demandé à interpeller le gouvernement sur la fameuse Commission et sur ses actes, sur l'Algérie et sur tous les maux qu'elle endure depuis trop longtemps.

Ces interpellations ont été discutées dans les séances des 7, 8 et 9 mars. MM. Lehon, Lefébure, J. Favre, Kératry, Crémieux, Jérôme David, M. le Ministre de la guerre et M. le Ministre de la justice ont tour à tour blâmé tous les systèmes qui jusqu'à ce jour ont été imposés à l'Agérie, et après avoir fait ressortir la prospérité prodigieuse dont jouissent les colonies anglaises avec *le self gouvernement* que leur accorde la mère patrie, il ont *tous* demandé pour nous LE REGIME DE LA LIBERTE.

Le Corps Législatif a clos la discussion par un vote,

qui, à *l'unanimité*, condamne à mort le régime militaire.

Que feront maintenant les anciens républicains devenus ministres parlementaires de l'Empire, je ne sais. Mais ce que j'affirme, c'est que les Algériens doivent prendre la parole et revendiquer hautement leur droit.

Ce droit le voici :

« La Constitution d'une nation, d'un peuple quel-
« conque doit être son œuvre ou celle des mandataires
« librement élus par lui à cet effet. »

Et comme corollaire :

« Toute Constitution imposée à une nation, sans son
« consentement formel, par un homme ou par un parti,
« est une œuvre de tyrannie qui doit tomber prompte-
« ment d'elle-même, ou être bientôt violemment ren-
« versée. »

Ce qui est advenu en France à la Constitution dictatoriale de 1852, nous montre ce qui ne tarderait pas à advenir à une constitution imposée par la force à la colonie africaine.

Que l'on nous convoque donc dans nos comices, nous tous les électeurs algériens d'origine européenne, à l'effet de nommer une Constituante, dont nous ratifierons l'œuvre ; autrement ce que l'on fera, sans nous, sera considéré par nous, comme fait contre nous.

L'Empire Constitutionnel, nouvellement inventé, sera-t-il plus sage et plus habile sur ce point que ne l'a été pendant dix-sept années, trop longues et trop malheureuses, l'Empire autoritaire ? Je ne le crois pas.

Le parlement de France comprendra-t-il la mission que lui imposent l'avenir de notre Colonie et l'honneur de la civilisation, en nous concédant une constituante Algérienne ? Je n'ose pas l'espérer.

Mais, en ce qui me concerne, je veux, du moins, faire mon devoir, proposer les bases d'une organisation libérale et progressive, autonomiste et cependant réellement française. Voici ce travail ; j'en discuterai ensuite l'ensemble et les divers chapitres, brièvement, mais de manière cependant a être compris par tout le monde.

II

PROJET DE CONSTITUTION.

PRÉAMBULE.

La présente Constitution, basée sur la déclaration des droits de 1789, est placée sous la sauvegarde de la France et confiée au patriotisme des Colons.

TITRE PREMIER. — Citoyens et territoire.

ARTICLE PREMIER.

Tous les Colons, quel que soit leur pays originaire, habitant l'Algérie depuis un an, au moins, y jouissent également des droits de citoyen; ils sont soumis aux mêmes charges et obligations et sont admissibles à tous les emplois, à toutes les fonctions.

ART. 2.

Tout le territoire actuellement possédé par la France est remis à la colonisation.

TITRE II. — La Commune.

ART. 3.

Les Communes actuelles sont maintenues: elles ne peuvent être divisées ou réunies que par le vote de leurs habitants.

Art. 4.

Dans tous les autres lieux, les Colons se groupent successivement et spontanément en communes, en raison de leurs relations et de leurs intérêts.

Art. 5

La Commune est administrée par un Maire et par un Conseil, élus au suffrage universel et au scrutin de liste.

Art. 6.

La Commune est indépendante et souveraine ; son administration, soumise au seul contrôle des habitants, réunit tous les pouvoirs locaux ; toutefois les emprunts ne pourront être établis qu'après l'acceptation de la majorité des citoyens qui la composent.

TITRE III. — Les Provinces.

Art. 7.

Les trois provinces sont maintenues dans leur territoire respectif, chacune d'elles, entièrement indépendante des deux autres, ne relève du gouvernement colonial que pour les intérêts généraux et communs, déterminés par les lois.

Art. 8.

Un Conseil et son Président, élus par le suffrage universel, au scrutin de liste, administrent la Province et votent ses budgets.

Art. 9.

L'administration provinciale ne peut contracter aucun emprunt sans la sanction de la majorité des citoyens.

Art. 10.

Chaque province nomme tous les trois ans, au suffrage universel et au scrutin de liste, dix Députés qui se réunissent en Assemblée coloniale, au moins une fois par année, à Alger, déclarée ville fédérale.

TITRE IV.— **L'Assemblée coloniale.**

Art. 11.

L'Assemblée Coloniale nomme son Président, ses Secrétaires, etc.; elle fait elle-même son règlement ; elle fixe la durée de ses sessions; elle ne peut être prorogée ou dissoute que par elle-même.

En cas de nécessité, le Président de l'Assemblée coloniale peut s'adresser directement à celui de la Chambre des Députés de France.

Art. 12.

L'Assemblée Coloniale établit les impôts, vote les budgets généraux de la Colonie, mais elle ne peut contracter d'emprunts qu'avec le consentement de la majorité des citoyens.

Elle vote les lois spéciales qu'elle juge nécessaires pour la Colonie ; elle règle (en les modifiant s'il y a lieu) l'application des lois de la Métropole qui ne peuvent être promulguées qu'après son vote.

Elle jouit de toutes les autres prérogatives accordées en France à la Chambre élective.

Elle a l'administration politique d'Alger et de son territoire.

Art. 13.

L'Assemblée Coloniale détermine les services publics nécessaires à l'administration du pays, elle fixe leurs attributions et leur rémunération.

TITRE V. — **Le Pouvoir exécutif.**

ART. 14.

Le Pouvoir exécutif est confié à un Gouverneur général civil nommé par le Conseil des ministres de France.

ART. 15. .

Le Gouverneur général est chargé des rapports établis entre le gouvernement de la France et celui de la Colonie.

ART. 16.

Le Gouverneur général promulgue les décisions et les lois de l'Assemblée Coloniale et veille à leur exécution.

Ses actes sont contresignés par des ministres responsables, au nombre de trois, choisis par lui dans le sein de l'Assemblée Coloniale : ministre des services financiers, ministre de la justice, ministre de la colonisation.

ART. 17.

Le Gouverneur général et les troupes que la France maintient en garnison sont à la charge de celle-ci, qui ne fournit aucun autre subside à la Colonie, et qui ne lui demande aucune redevance.

ART. 18.

Aucune fonction administrative, judiciaire ou politique ne peut-être confiée à un militaire.

TITRE VI. — **Les Indigènes.**

ART. 19.

Les Arabes, placés sous la direction de l'Assemblée Co-

loniale, seront immédiatement organisés en municipa-
lités électives.

ART. 20.

Dans chaque province, ils nommeront auprès du Conseil provincial deux délégués et trois autres auprès de
l'Assemblée coloniale. Ces délégués auront seulement
voix consultative. L'assimilation des Arabes se fera successivement; mais, dès à présent, il sont soumis au droit
commun pour tout ce qui concerne la propriété et la
justice.

ART. 21.

Toute modification à la présente Constitution devra
être votée par l'Assemblée Coloniale, adoptée par la majorité des citoyens et sanctionnée par la Chambre élective
de France.

TITRE VII.— **Dispositions transitoires.**

Les lois et règlements actuels demeurent provisoirement
en vigueur dans celles de leurs dispositions qui ne sont
pas contraires aux présentes.

Les lois sur la presse, les réunions publiques et le jury,
en matière criminelle comme pour les expropriations
publiques, sont appliquées à l'Algérie.

Ces dispositions n'infirment en rien les pouvoirs don-
nés à l'Assemblée nationale par l'art. 12.

Les Israélites indigènes sont, en tout point, assimilés
comme en France.

III

DÉVELOPPEMENTS ET EXPLICATIONS.

Placer tout d'abord la Constitution Coloniale sous l'invocation et la pratique des principes de 1789, c'est la relier moralement mais étroitement avec la France, avec l'idée française. L'auteur du coup d'état, comme on disait alors, avait donné à la Constitution de 1852 ce drapeau, mais il avait eu soin de mettre au-dessus l'aigle impériale, l'autorité sur la liberté, l'autocratie sur la démocratie, le mensonge sur la vérité. Notre but est tout autre; cependant, l'emploi mauvais fait des principes de nos pères, ne peut nous empêcher de les invoquer et de les appliquer réellement : bien au contraire.

Comme une nation se compose tout à la fois, de citoyens librement associés et d'un territoire occupé par eux, nous devons constater tout d'abord quels sont les citoyens de la jeune Afrique renaissante, et fixer le territoire, berceau de ses futurs développements.

Le peuple Africain moderne est un composé de toutes les nations européennes, surtout de celles que baigne la Méditerranée. Ce sont les enfants de la Rome ancienne reprenant leur héritage, refoulant la barbarie en commun, comme ils subirent en commun ses désastres.

« *L'Algérie est une colonie européenne* » a dit Napoleon III qui ne pouvait reculer devant l'évidence.

On parle beaucoup depuis quelque temps de la fédération des Etats-Unis d'Europe. Cette fédération est déjà en partie réalisée en Afrique. Ici, les étrangers ne sont plus étrangers pour nous ; il sont devenus nos associés, nos amis, nos parents. Nous les trouvons dans nos conseils communaux, dans toutes nos sociétés ; comme, durant la guerre, ils étaient avec nous soldats ou déjà colons;

comme, avant 1830, ils étaient nos compagnons dans les bagnes turcs.

Si cette union n'existait pas depuis les premiers jours, la préparer serait notre devoir. Elle est fondée, la détruire serait un crime contre l'humanité, la démocratie, le progrès.

Ce projet de Constitution s'occupe d'abord des droits du citoyen, puis de la commune, etc., en finissant par la réglementation des pouvoirs généraux du pays, parce que la souveraineté réside dans l'individu, qui peut bien déléguer une portion de l'exercice de ses droits, à titre de mandat, mais qui ne peut jamais les abdiquer. Tout pacte social supposant la délégation de la souveraineté à une famille, ou à une caste, ne peut être qu'un fait brutal de la force imposant la servitude à une nation ; mais ce pacte est et demeure éphémère : ceux qui l'ont contracté n'en peuvent exiger l'exécution de leurs descendants, et ils ont toujours le droit et le devoir de s'y soustraire eux-mêmes. L'expérience actuelle de la France vient confirmer cette vérité.

La commune doit être réglée avant la province, avant l'État, qui ne sont que des fédérations de communes ; car la commune est le premier degré, seul, fatal et volontaire, tout à la fois, d'association entre les hommes. Cette association libre constitue la cité, le citoyen. On conçoit un pays libre n'ayant que l'organisation communale ; on ne peut concevoir une République centralisée, dans laquelle la commune n'existerait pas, ou ne serait qu'un rouage administratif.

Le premier mode constitue le fédéralisme et la liberté ; le deuxième, la servitude générale au profit d'une dictature unique ou multiple, armée de fonctionnaires, comme un poulpe de ses suçoirs pour tout dévorer.

Porter la main sur l'organisation ou l'étendue des communes actuelles serait un acte de tyrannie et de violence que nul n'a intérêt à accomplir. C'est aux *Communiers* eux-mêmes qu'appartient ce droit ; l'expérience et l'intérêt leur apprennent quand il est utile d'en user.

Quant à la création des nouvelles communes, c'est une œuvre qui revient tout entière à l'initiative individuelle et non à la bureaucratie administrative. Dans les pays nouveaux, les citoyens isolés, quand leur nombre s'accroît, éprouvent et reconnaissent la nécessité de se réunir, de s'associer. Ils se counaissent ; déjà des rapports existent entre eux ; des limites naturelles, un fleuve, un coteau abrupte les séparent ; une plaine, une vallée les unissent ; ils s'entendent et s'organisent spontanément en communes viables, comme cela se pratique en Amérique, en Australie. Au contraire, de toutes les communes décrétées, avec l'autorisation de messieurs les commis, pas une seule qui n'ait subi déjà dix remaniements : tantôt aggrandie, tantôt diminuée, tantôt annexée, tantôt séparée. L'administration n'a jamais rien su et ne saura jamais rien faire que tripoter.

La gestion des intérêts communaux doit être entièrement dévolue au Maire et au Conseil municipal. Les bureaux de préfecture, rouage inutile, instrument de despotisme, inventés par un usurpateur de la souveraineté nationale, doivent disparaître de l'Algérie, dans laquelle on n'aurait jamais dù les installer. Qu'est-il besoin qu'un commis, plus ou moins laborieux, plus ou moins intelligent, plus ou moins besogneux, décide s'il y a lieu de placer une fontaine dans une commune qu'il n'a jamais vue et qu'il ne visitera peut-être jamais. Pourquoi ce même commis aurait-il le droit de désigner un protégé, un cousin du valet de pied ou de la femme de chambre du préfet, pour lui confier une école dans une commune qui saurait, bien mieux que personne, choisir un homme capable et dévoué, intéressé à la prospérité locale ?

En toutes circonstances, l'administration parasite des préfectures ralentit ou empêche toute l'activité des communes. Il faut bien avoir l'air de faire quelque chose, et d'occuper, même en faisant le mal, une partie de ce temps que l'on ne peut pas consacrer tout entier à la feuille d'émargement.

La commune doit et peut se suffire en toutes choses ; elle n'a nul besoin de la direction, de la protection des préfets et de leurs commis. Le tyran qui, après avoir égorgé la République, sa mère, fit de la France une armée de soldats et de laquais, agissait avec logique en déclarant les communes mineures. Il lui fallait, non pas des citoyens, mais des sujets, que ses préfets pussent remuer comme des pantins avec une ficelle. Mais, dans les états qui sont libres, ou qui veulent le devenir, le citoyen se forme à la pratique de tous les droits, à l'exercice de toutes les magistratures dans le sein de la commune majeure et indépendante.

Du reste, la nécessité de laisser libre et complète l'administration de ses intérêts à la commune algérienne, a été reconnue dans la trop célèbre lettre adressée à Monsieur Mac-Mahon. L'Empereur, qui croyait alors pouvoir conserver perpétuellement son pouvoir personnel, mettait, au nombre des mesures à prendre immédiatement celle-ci :

« *Emanciper la commune en lui permettant de nommer* « *les membres des Conseils municipaux, de s'imposer* « *pour ses besoins, comme elle l'entendra, et de contracter* « *des emprunts.* »

Il déplorait la complication de *son* administration qui, « *pour moins de 192,000 européens, employait inutilement* « *3 préfets, 15 sous-préfets, 15 commissaires civils, total* « *51 hauts fonctionnaires, non compris la nuée de chefs de* « *bureaux et d'employés divers.* »

Mais, tout souverain absolu qu'il était alors, le gouverneur général et les hauts fonctionnaires ne lui ont point obéi, tout ce qu'il blâmait à bon droit a été soigneusement conservé ; et l'on n'a réalisé de ses projets que les seuls points concernant le chimérique *royaume arabe.*

L'élection de nos conseillers municipaux nous a été rendue depuis, soit : mais les maires n'en sont pas moins nommés par l'administration supérieure qui nous les impose, qui les choisit parmi les ambitieux, les coureurs de croix et les solliciteurs de places. Elle les emploie en toute besogne, car ils sont gens de complaisance, et les communes qui les paient n'en sont pas mieux servies.

Les Maires élus, avec le concours des Conseils municipaux, doivent être les libres directeurs de toute l'administration communale, disposer complètement des budgets, nommer tous leurs agents. La seule chose qui ne doive point être laissée à leur entière disposition, c'est le droit de contracter des emprunts, d'engager l'avenir. Dans cette circonstance, il est nécessaire que la commune entière soit consultée, que ceux qui paient ne soient pas engagés malgré eux. Si ce principe avait été admis en France et en Europe, les mauvais gouvernements ne se seraient pas soutenus à l'aide d'emprunts énormes qui préparent fatalement une nouvelle banqueroute générale.

La même independance reconnue à la Commune doit l'être aussi à la Province : l'Oranie, l'Algérie et la Constantinie ont toujours eu une existence propre et distincte. Au temps des Turcs, chacune d'elles avait son bey ; à des époques plus éloignées encore, elles formaient des états séparés.

Aujourd'hui, tout le monde veut maintenir l'indépendance de la Province ; on comprend que la destruction de cette indépendance amènerait une centralisation absorbante et la dilapidation certaine des finances coloniales.

Les lois coloniales qui règleront les intérêts généraux du pays seront, sans nul doute, rédigées par des hommes dévoués à l'indépendance des provinces. Elles devront, le plus possible, respecter l'indépendance locale et ne pas la sacrifier à un prétendu bien général, qui n'est jamais qu'un prétexte pour servir l'ambition et les intérêts privés des gouvernants.

La Constituante, en détruisant les anciennes provinces françaises, avait laissé aux départements le droit de s'administrer eux-mêmes par des mandataires élus. Le même despote, qui étouffa la Commune, détruisit aussi les libertés départementales, supprima leurs conseils élus et les remplaça par ses préfets, agents souples et faciles à manier, sans intérêts ni attaches dans le pays, véritables janissaires érigés en pachas, comme la Turquie en fournissait à la Grèce, à l'Afrique, etc.

Tout ce qui a été dit plus haut de la Commune, s'applique à la Province, il est donc inutile d'insister davantage sur ce point.

Mais, s'il faut respecter la vie propre des provinces, il importe aussi d'assurer leur étroite fédération. De là la nécessité d'une *Assemblée Coloniale*, composée d'un nombre égal de membres fournis par chaque province. Une assemblée des députés de la colonie assurera mieux nos libertés et nos intérêts que l'envoi de trois députés au

Corps Législatif. Ces trois députés n'auraient guère l'occasion de s'occuper de nous. En leur supposant tout le talent imaginable, toute l'éloquence que l'on voudra, trois députés Algériens n'exerceraient, à notre profit, qu'une bien mince influence sur une assemblée française, complètement ignorante des hommes et des choses de notre pays. Au contraire, une Assemblée coloniale se consacrera tout entière aux intérêts de la Colonie. Elle devra être en quelque sorte permanente, tout au moins, dans les premières années, car elle aura à reconstruire l'administration du pays et à le doter d'une législation spéciale, conforme à ses besoins et aux nécessités d'un peuple naissant.

Il faut que les plus grands pouvoirs soient accordés à l'Assemblée coloniale ; que le représentant de la France ne puisse pas étouffer sa voix, paralyser son action. Car toute tentative de ce genre aurait pour conséquence inévitable l'affaiblissement et peut-être la rupture des liens de reconnaissance et d'affection qui doivent unir la Colonie à la Métropole.

En ce moment, où le pouvoir parlementaire reprend sa place légitime en France et réduit l'exécutif à n'occuper que le deuxième rang, nul ne trouvera mauvais, sans doute, que la Colonie aspire au même régime parlementaire qui peut seul empêcher la restauration de l'autorité dictatoriale et souvent tyrannique des gouverneurs généraux.

Laisser à l'Assemblée coloniale le soin de voter les impôts et les budgets généraux est une nécessité que personne ne contestera. La seule réserve à faire, pour la Colonie comme pour la Province et la Commune, c'est que les emprunts ne doivent être émis qu'avec l'approbation formelle de la majorité des contribuables.

Le pouvoir législatif doit appartenir à l'Assemblée Coloniale qui, seule, est apte à savoir dans quelle mesure les lois métropolitaines peuvent être utilement appliquées ici. La tendance naturelle d'une Assemblée Algérienne sera toujours d'imiter la France. Il est donc peu à craindre que trop de dissidences ne s'établisse entre la Colonie et la Métropole suivant, toutes les deux, la même voie et tendant au même but.

L'Administration algérienne actuelle est une détestable complication de services publics, tous plus inutiles et plus onéreux les uns que les autres. On a créé des emplois pour avoir des employés et le besoin de conserver et d'enrichir les employés a fait multiplier à l'infini le nombre des emplois.

Plus vivace que le palmier-nain, le fonctionnarisme a envahi l'Algérie, il y a multiplié en étouffant tout autour de lui. Cette maladie, incurable sous le régime autoritaire, a vivement frappé l'imagination du chef du gouvernement impérial; il l'a signalée énergiquement, (je cite plus haut ses propres paroles), elles constatent le mal et l'impuissance de l'Empire pour le guérir.

Une Assemblée coloniale, composée des élus des contribuables, ne voudra pas saigner à blanc le pays pour engraisser une armée de parasites; elle recherchera quels sont les fonctionnaires indispensables et elle les rémunèrera largement : quant aux autres, elle leur offrira, à leur choix, ou la pioche du colon ou le retour en France. Mais, seule, une Assemblée coloniale aura cette énergie.

L'Assemblée coloniale, pour conserver son indépendance, doit être placée dans une ville qui lui appartienne en propre, qui ne dépende pas d'une province au détriment réel des deux autres.

Alger paraît devoir être cette ville; le territoire restreint qui borde sa rade et s'étend jusqu'au Sahel, doit être confié, ainsi que la ville, à l'Assemblée coloniale, comme Washington l'est au Congrès américain. Cette dépendance de l'Assemble coloniale ne priverait en rien Alger et sa banlieue des libertés municipales. Il n'y aurait qu'à reporter dans un autre ville le siége de toute l'administration de la province.

En ce qui concerne le gouverneur général, il importe par dessus tout, d'abord, qu'il ne soit plus un soldat, habile dans l'art de la guerre et ignorant en administration, en commerce, en industrie, en agriculture, en tout ce qui concerne la colonisation.

À entendre leurs adulateurs payés, tous nos Gouverneurs généraux ont tous été de grands et habiles administrateurs. On le leur répétait à satiété, à tous, tant qu'ils étaient en fonctions, quitte pour en dire autant le lendemain à leur successeur ; le dernier était toujours le plus grand, pour ces gens qui disaient avec Sosie :

« Le véritable Amphytrion
« Est l'Amphytrion où l'on dîne. »

Mais nous savons tous la valeur exacte de ces prétendus grands hommes ; et aucun de nous n'hésite à constater que jamais pays n'a été plus malhabilement administré et gouverné que l'Algérie !

Le Gouverneur général, pour n'avoir point à compromettre dans sa personne, par ses actes, par ses luttes possibles avec l'Assemblée coloniale, le gouvernement de la France, doit avoir des ministres parlementaires responsables.

Fixer le nombre de ces ministres à trois, paraît bien suffisant ; les finances et tout ce qui en dépend formeront un ministère ; la justice, tout entière à constituer, pour le peuple arabe, à régénérer, à simplifier, pour nous autres, forme le deuxième (on pourrait à ce service adjoindre celui des cultes, jusqu'au jour prochain où cessera la dangereuse union du pouvoir temporel avec les diverses réligions). Enfin, le troisième ministère doit réunir toutes les autres fonctions sociales. Chacun de ces trois ministères aurait évidemment plus de besogne parlementaire que de travail administratif, grâce à l'indépendance absolue des administrations communales et provinciales.

Le budget de l'Algérie doit être entièrement séparé de celui de la France. Celle-ci ne peut honorablement pas exiger que nous lui payions une redevance, un tribut. De notre côté, nous devons renoncer à toute subvention métropolitaine. Chacun chez soi, chacun sa bourse, est un principe vrai entre métropole et colonie ; l'Angleterre l'a bien compris et elle l'applique. Nous ne demandons à ce principe aucune exception. Si la solde du Gouverneur et des garnisons doit rester à la charge de la France, c'est parce qu'elle seule en profite et en dispose pour maintenir sa suzeraineté sur nous ; c'est ainsi que l'Angleterre agit avec le Canada et ses autres colonies. Le jour où les garnisons françaises réduites ne nous paraîtront plus suffire pour le maintien de notre sécurité, la Colonie trouvera en elle même le moyen de se passer de toute protection.

. L'article 18 de ce projet est nécessaire pour nous rassurer contre toute tentative de restauration du régime du sabre. On sait combien sont tenaces les soldats qui ont une fois trempé la pointe de leur épée dans l'écritoire administrative. Honneurs et profits, voilà ce qui explique pourquoi il est si difficile de renvoyer à leur fonction spéciale les hommes de guerre qui veulent nous gouverner et faire notre bonheur, malgré nous. Ils nous ont assez nui pour que nous désirions ne les jamais revoir à l'œuvre.

L'assimilation des indigènes, si soigneusement empêchée par les bureaux Arabes et le gouvernement militaire, sera vigoureusement poursuivie par les colons délivrés de l'oppression du sabre.

Chacun de nous a plus fait déjà dans les rapports de la vie privée pour l'absorption des Arabes dans notre civilisation que tous les fonctionnaires passés et présents. Déjà il serait possible de soumettre à toutes nos lois, sans exception aucune, les Arabes qui habitent nos communes. Quant aux autres on peut, dès aujourd'hui, leur accorder le bénéfice de nos lois sur la propriété et la justice. L'Assemblée coloniale prendra, chaque jour, de nouvelles mesures pour activer la fusion : au lieu de puériles déclarations, elle accomplira des actes sérieux ; elle civilisera les barbares, elle en fera des hommes d'abord, des citoyens bientôt. Nul plus que nous, en France, n'a d'intérêt à accomplir cette grande œuvre de civilisation; et entre nos mains, j'ose l'affirmer, les Arabes ne mourront plus de la faim.

La vie communale est pratiquée de temps immémorial chez les Kabyles, derniers restes de la domination romaine; les Arabes leur envient ces *kanouns* qui assurent leurs libertés. L'établissement immédiat de la commune chez les Arabes leur sera très agréable, il les délivrera de l'exploitation des grandes familles, du servage et de la communauté de la tribu.

Avec la commune, notre loi de partage de la propriété,

des juges de paix et des maîtres d'école français, il ne restera bientôt plus d'Arabes. Ce peuple misérable aura disparu, il sera entré individuellement dans le courant de notre civilisation.

L'essai malheureux fait des conseillers généraux indigènes, a prouvé combien il sont aujourd'hui incapable de remplir cette fonction. Ils ne sont que les instruments dociles des généraux qui les conduisent au vote comme à la razzia. Le rôle plus restreint mais légal que nous leur assurons dans les Conseils de province et à l'Assemblée coloniale suffit à la défense de leurs intérêts légitimes. Quand il seront devenus nos égaux par la civilisation et l'instruction, ils seront, en tous points, nos concitoyens et ils jouiront des mêmes droits que nous. Jusques là, ils sont et doivent être nos protégés, nos élèves.

Les mesures transitoires, que je propose, n'ont pour but que la conservation temporaire de l'ordre jusqu'à ce que la législation algérienne ait été révisée et constituée par l'Assemblée coloniale.

En attendant ce moment si désiré, il faut se hâter d'appliquer nos lois sur le jury, tant en matière criminelle qu'en matière d'expropriation, et celles sur la presse et les réunions publiques. Nos libertés sont à ce prix ; aussi le gouvernement général a-t-il tout fait pour s'y opposer jusqu'à ce jour. Il sentait bien que, sans la dictature, son autorité détestée aurait succombé,

La naturalisation en masse des Israélites est une mesure réclamée par eux tous ; elle doit leur être immédiatement accordée comme cela a eu lieu en France lors de la Révolution. La naturalisation individuelle qu'on leur offrait était incompatible avec leurs intérêts; il est impossible que, des enfants de la même famille, les uns soient régis par nos codes, les autres par les lois surannées de Moïse. C'est encore là une de ces erreurs gouvernementales occasionnées par l'ignorance.

Ce travail exigerait un gros volume s'il fallait tout dire, tout développer, mais je m'adresse à des concitoyens qui ont réfléchi sur ces questions tout autant que moi-même et qui sauront compléter ce court exposé.

Puisse cette brochure attirer l'attention de quelques

représentants français désireux de donner à l'Algérie une organisation sérieuse, viable et libérale.

Le projet que je propose est simple et complet tout à la fois ; s'il était adopté par une Constituante élue par les Colons, il assurerait à notre patrie adoptive un avenir de progrès et de liberté.

Le Colon.

Alger, 20 mars 1870.